Ed. BERNSTEIN

Socialisme et Science

Conférence faite à un groupe d'Etudiants de Berlin

Avec une préface spéciale de l'auteur pour l'édition française

Prix : 0 fr. 75

PARIS (5e)

V. GIARD & E. BRIÈRE

Libraires-Editeurs

16, RUE SOUFFLOT, 16

1899

SOCIALISME ET SCIENCE

> Le but immédiat de tout pouvoir c'est ou l'utilité ou le plaisir; le but immédiat de toute science est, au contraire, la recherche de la vérité, et à ces buts divers correspondent aussi des domaines d'action divers.
>
> Th. Buckle. *L'influence des femmes sur la science.*

> Comme tous les partis de réforme sociale, le socialisme a sa source vitale dans les imperfections manifestes de l'ordre social actuel. Tant que cette source ne sera pas tarie, le parti militant du socialisme, le parti socialdémocrate, n'a rien à redouter de la critique qu'il exercera lui-même sur sa propre théorie.
>
> Th. G. Masaryk. *La crise scientifique et philosophique actuelle dans le marxisme.*

Socialisme et Science

Conférence faite à un groupe d'Etudiants de Berlin

PAR

Edouard BERNSTEIN

Avec une préface spéciale de l'auteur pour l'édition française

PARIS (5e)

V. GIARD & E. BRIÈRE
Libraires-Éditeurs
16, RUE SOUFFLOT, 16

1902

NOTE DU TRADUCTEUR

Nous avons cru pouvoir nous permettre de modifier la forme, un peu trop kantienne pour un public français, du titre sous lequel cette conférence a été publiée en allemand : Comment un socialisme scientifique est-il possible ?

Ed. SCHNEIDER.

La conférence qui forme le contenu de cette brochure a
été attaquée de deux côtés : d'une part par quelques marxistes intransigeants et d'autre part par les adeptes de l'école
néokantienne. K. Kautsky, directeur de la *Neue Zeit* et l'un
des représentants du premier groupe, me reproche d'ignorer absolument ce qui constitue le caractère scientifique
de la théorie marxiste, de renoncer pour mon compte à
la méthode scientifique et de professer un utopisme ou
un éclectisme absolument incohérents (voir la *Neue Zeit*,
1901).

Les preuves qu'il donne de ces assertions sont fondées
sur des interprétations inexactes des thèses de ma conférence. Par exemple, s'il découvre de l'utopisme dans
mon cas, c'est grâce au sophisme connu en logique
sous le nom de *vitium subreptionis* ; il emploie en
effet le mot utopisme en un sens tout autre que celui
qu'il a chez moi quand je soutiens qu'une théorie socialiste comporte une part légitime d'utopisme. Je crois
avoir été assez clair pour n'avoir pas à me défendre contre
l'accusation de m'être mis en contradiction grossière
avec la préface de mon livre *Socialisme théorique et*

1

socialdémocratie pratique (Paris, 1900). Dans cette préface je dis que mon objet est « de fortifier l'élément réaliste en même temps que l'élément idéaliste dans le mouvement socialiste, en combattant ce qui reste encore de pensée utopique dans la théorie socialiste ». Quiconque lira cette brochure sans idée préconçue trouvera, j'en suis convaincu, que dans ces deux écrits mon intention est restée la même [1].

Une autre question est de savoir si et jusqu'à quel point j'ai réalisé mon intention. Ceci m'amène à examiner les critiques de l'école néo-kantienne et de ceux qui s'y rattachent plus ou moins directement. Ces critiques ont été consciencieusement réunies et développées dans l'intéressant ouvrage du Dr K. Vorlænder, *Die neukantische Bewegung in Socialismus* (Berlin, 1902).

Le savant auteur oppose à ma définition de la science comme « *l'ensemble systématique de notre savoir* », le mot savoir signifiant ici « *la connaissance de la nature et des relations réelles des choses* », les définitions de Kant pour qui la science est « *le système de la connaissance philosophique basé sur la raison pure* », le mot système signifiant « *l'unification par une Idée des connaissances diverses, enchaînées et liées par des lois nécessaires* » (pp. 50 et 51). Sans doute ces dernières définitions qui, à vrai dire, ne se

---

[1] Si, pour les raisons données plus haut, la critique de Kautsky exclut toute discussion profitable, c'est encore bien davantage le cas de l'article que G. Plekhanoff a consacré à cette brochure dans la revue russe *Sarja*. Qu'il suffise de constater que cet écrivain — et cela est du reste parfaitement conforme à son rôle de tsar de tous les marxistes russes — rend contre l'auteur de la brochure un véritable arrêt de mort... marxiste.

trouvent pas condensées chez Kant en une formule définitive, sont dans leur ensemble plus explicites que ne l'est
la mienne ; mais je ne peux admettre qu'en fait elles disent
autre chose que la mienne, ou que celle-ci laisse planer
l'ombre d'un doute sur l'existence des conditions que les
formules du Dr Vorlænder imposent avec raison au savoir.
On ne peut, en effet, parler de « *relations réelles des
choses* » sans présupposer une règle critique qui rende
possible la constatation de la réalité des relations en question, c'est-à-dire de leur enchaînement selon des lois
nécessaires. Jusqu'ici il n'y a pas d'opposition de principe entre le Dr Vorlænder et moi, et il n'était pas besoin
que le Dr Vorlænder prît sur lui d'affirmer que nous étions
d'accord tous les deux sur les points essentiels : je ne vois
pas, en effet, la possibilité de différer d'avec lui (et d'avec
Kant) sur ces questions.

Mais où nous sommes d'avis différents, Vorlænder et
ses amis d'une part, et moi d'autre part, c'est sur la question de savoir si une science des fins est possible. L'erreur
fondamentale que nous commettons, mes critiques socialistes (y compris Kautsky) et moi, c'est, d'après Vorlænder,
de limiter le mot et le concept de la science exclusivement à l'explication causale des choses ; le grand résultat
de la philosophie kantienne serait au contraire, d'après lui,
d'avoir établi par une méthode sûre l'existence d'un point
de vue autre que le point de vue physico-mathématique
du *comment,* celui du *pourquoi ;* Kant n'a-t-il pas
montré en effet que, dans le domaine du vouloir raison-
nable ou dans l'ordre des fins, on peut découvrir des lois
nécessaires d'un caractère spécial et que l'un et l'autre
sont par suite susceptibles de fournir la matière d'une
science indépendante ?

Je répondrai à cela que les fins qui peuvent être établies déductivement ne sont et ne peuvent être que des
fins abstraites ou très générales. C'est pour cette raison
que dans une polémique avec un socialiste néo-kantien
j'écrivais l'an passé : « L'éthique en tant que science pure
est une science formelle : elle formule des maximes qui
doivent valoir universellement et qui, par suite, n'ont pas
de relations directes avec la vie actuelle dans sa réalité
concrète ; à elle seule l'éthique est impuissante à décider
si telle relation économique est morale ou non ; elle a
besoin pour cela des renseignements que lui fournit la
science des conditions économiques. » Et j'ajoutais, pour
illustrer ma thèse : « Si la vie économique, base maté-
rielle de la vie sociale, ne pouvait atteindre son but, la
réalisation du plus grand bien-être possible, en dehors de
certaines relations sociales, c'est-à-dire, dans l'espèce,
sans maintenir l'existence des entrepreneurs privés et des
ouvriers salariés, l'éthique ne pourrait condamner ces
relations. » (*Sozialistische Monatshefte*, 1901, pp. 604-
605.)

Cet exemple me paraît mettre bien en lumière le point
essentiel de la discussion ; il indique en tout cas assez clairement quelle est la tendance de ma thèse. Ce que je
voudrais faire, c'est établir une délimitation plus précise
entre les rôles respectifs de la connaissance scientifique et
de la volonté — que le mobile de cette dernière soit un intérêt ou un idéal — dans la doctrine socialiste. Et c'est en ce
sens uniquement que j'ai déclaré, un jour, pouvoir adopter
la formule célèbre : « *Zurück auf Kant* » (Retour à Kant).

C'est seulement après que j'eus observé combien l'absence de cette délimitation avait déjà faussé et rendu
stériles nos discussions sur le socialisme, que la méthode

suivie par Kant pour différencier la science et la métaphysique transcendante m'a paru, comme elle me paraît encore, un excellent modèle à suivre pour séparer dans la doctrine socialiste le réel, objet de la science, de l'idéal, objet de la spéculation. Quant aux autres points de la philosophie kantienne, je ne m'en suis pas assez occupé jusqu'à présent pour pouvoir me prononcer à leur sujet.

Le principe que j'ai alors adopté pour délimiter les deux domaines du réel et de l'idéal et que j'ai développé dans cette brochure demeure acquis pour moi ; toutes les attaques, toutes les critiques qu'on a pu diriger contre lui n'ont fait que m'affermir dans ma conviction, en même temps qu'elles m'obligeaient à chercher de cette conviction une formule plus précise. Et c'est ainsi que, dans un article postérieur, j'ai été amené à écrire : « Pour exprimer mon idée d'une façon tout à fait nette, je dirai que la doctrine socialiste est science dans la mesure où ses propositions peuvent être acceptées de tout homme, socialiste ou non, pourvu qu'il ait· fait abstraction de ses préjugés, et de ceux de ses intérêts que le socialisme pourrait léser. » (*Sozialistische Monatshefte*, 1901, p. 782.) Celui qui verrait là un paradoxe n'aurait qu'à relire avec soin la partie théorique des programmes socialistes et il se convaincra aisément que je ne dis rien qui ne soit conforme aux faits. Du reste Marx lui-même n'écrivait-il pas qu'au frontispice de la science il fallait inscrire ces mots :

> *« Qui si convien lasciare ogni sospetto*
> *Ogni viltà convien che qui sia morta. »*

Mais gardez-vous de dire cela à certains marxistes.

Et — ce qui paraîtra peut-être plus paradoxal encore, surtout de la part d'un hérétique que l'église marxiste a excommunié, mais qui n'en est pas moins un disciple des fondateurs du marxisme — je répète ce que j'écrivais : ce qui dans la théorie socialiste est spécifiquement socialiste, ce n'est pas son contenu économique, mais c'est la *conception juridique ou éthique* qui imprègne toutes ses affirmations. Si l'élément économique a, dans la théorie socialiste, un caractère tout à fait scientifique, il en est tout autrement de l'élément éthique.

Dans la mesure où l'on peut dire que l'éthique est une science, elle n'est pas spécifiquement socialiste. Je n'en veux d'autre preuve que l'éthique kantienne qui a été et peut être acceptée par des non-socialistes.

Quand j'engage un ouvrier aux conditions du marché du travail, si ces conditions lui permettent une vie passable, je ne viole nullement le principe de l'éthique kantienne, quelque grand que puisse être le profit que je tire du travail de cet ouvrier ; mais, au contraire, selon l'éthique socialiste, je l'exploite dès que je tire de son travail un profit quelconque. Je dois reconnaître que la théorie socialiste n'a pas, jusqu'à présent, défini exactement ce qu'on entend par exploitation condamnable ; cependant ce concept est contenu dans la théorie socialiste et il y joue même le rôle d'un critérium éthique.

Cela veut-il dire que l'éthique socialiste est essentiellement *anti* ou *extra*-scientifique ? En aucune façon ; cela veut dire seulement qu'elle n'est pas une science pure. Elle est ou plutôt elle tend à être une science appliquée. Appliquer méthodiquement les préceptes de l'éthique pure aux conditions sociales nouvelles créées par l'évolution industrielle moderne, telle me paraît être la tâche du socialisme moderne au point de vue éthique. Cette tâche implique une œuvre de synthèse et c'est cette synthèse qui constitue pour moi le véritable idéal social.

Scientifique, c'est-à-dire adapté à la réalité concrète, cet idéal enferme en lui tout ce qui, dans les programmes socialistes actuels, est susceptible d'une démonstration scientifique. C'est à cet idéal que l'on doit et que l'on peut subordonner toutes les fins particulières. J'ai vu que Jean Jaurès, dans son excellent ouvrage *Etudes socialistes*, a cru devoir défendre contre moi la nécessité d'un but final du socialisme, qui est pour lui le communisme. Très certainement mon éminent con'rère, quand il écrivait le passage auquel je fais allusion, n'avait pas sous les yeux la préface de mon livre *Socialisme théorique et socialdémocratie pratique*, sans quoi il aurait vu que je ne nie nullement la nécessité d'une fin directrice ; mais le point sur lequel j'avoue franchement que je diffère de Jaurès est celui-ci: pour moi le communisme est plutôt un *moyen* qu'une *fin*. C'est selon moi à l'avenir de décider quelles formes et aussi quel degré de communisme seront, dans chaque période historique, nécessaires pour assurer la plus grande somme de bien-être matériel et moral.

La science sociale nous dit aujourd'hui que, pour atteindre cette fin, un communisme assez développé devient de plus en plus nécessaire, mais elle est impuissante à prévoir sur ce point tout l'avenir de l'évolution.

Or si nous voulons éviter de retomber dans telle ou telle forme d'utopisme, la seule fin que nous puissions admettre pour l'ordre économique, qui soit en harmonie avec l'évolution des classes sociales, c'est l'extension continue du droit souverain de propriété de la communauté sur toutes les richesses ayant un caractère social, et l'usage de ce droit social conformément aux exigences de l'économie sociale la mieux entendue. Rien de moins, mais aussi rien de plus ; car aller au delà, ce serait paraître ignorer un grand nombre de problèmes sociologiques, en particulier les questions d'administration, questions dont la solution dépend d'autres causes que du caractère technique de la production ou de la puissance politique de telle ou telle classe. Ce qui caractérise l'utopiste c'est qu'il ignore ou méconnaît la multiplicité des facteurs qui déterminent les diverses modalités de l'organisation sociale. Ainsi l'idéal de notre choix doit laisser le champ libre à toutes les formes économiques compatibles avec le progrès, et capables de concourir à l'abolition de toute oppression, de toute exploitation humaine.

Un mot encore sur la raison pour laquelle je préfère le terme de socialisme critique à celui de socialisme scientifique. On a cru m'apprendre quelque chose en me faisant remarquer que pour Kant (à qui j'emprunte le mot *critique*), critique et science étaient synonymes. Mais il suffit de relire avec quelque attention le passage en question de ma brochure pour s'apercevoir que mon intention n'est pas d'opposer au mot science un autre mot de sens différent, mais de prévenir l'interprétation erronée que l'on pourrait donner du mot scientifique quand il entre dans la formule : socialisme scientifique.

Une dernière observation avant de finir. Je prie le lecteur de tenir compte de ceci, que ma conférence a été faite dans une association, supprimée d'ailleurs depuis, d'étudiants soumis à la discipline de l'Université de Berlin, discipline assez restrictive pour tout ce qui touche aux questions politiques. Pour cette raison et aussi parce que l'auditoire auquel je m'adressais était beaucoup plus nombreux et moins homogène que je ne m'y attendais, la difficulté de ma tâche, dans cette conférence, s'est trouvée accrue. De là quelques locutions vagues qui laissent deviner ma pensée plutôt qu'elles ne l'expriment avec la précision désirable. C'est à ce défaut que je me suis efforcé de remédier dans cette préface.

Ed. BERNSTEIN.

Berlin, 5 juillet 1902.

1.

PRÉFACE DE L'ÉDITION ALLEMANDE

La conférence qu'on lira plus loin a été faite à Berlin, le 17 mai 1901, devant le groupe d'études sociales des étudiants (Socialwissenschaftliche Studentenverein). Autant que mes notes et mes souvenirs me l'ont permis, je me suis attaché à la reproduire telle que je la fis. Pour la première partie j'avais, pour soutenir mes développements, des notes assez détaillées pour m'être contenté d'y ajouter oralement quelques éclaircissements et pour me permettre de les publier ici telles quelles (sauf quelques corrections de style). Quant à la deuxième partie, comme je n'en avais devant moi qu'un plan, à vrai dire assez complet, je puis bien affirmer qu'elle exprime fidèlement la suite et le mouvement de mes idées, mais je ne peux la donner comme une reproduction exacte de ma conférence. J'ai introduit sous forme de notes et d'appendices les additions que j'ai cru devoir faire ; pour la brochure imprimée, dans le texte même, je n'ai, par contre, rien mis à ma connaissance que je n'eusse dit.

Ce qui m'oblige entre autres motifs à exercer sur moi-même à ce point de vue un contrôle rigoureux, ce sont certains commentaires dont cette conférence a été l'objet dans la presse. Je n'ai ni le temps, ni, à parler franc, le goût d'utiliser les polémiques de presse pour faire pénétrer le sens de tel ou tel texte détaché, ou plutôt — puisque j'ai affaire à de vrais « liseurs de pensées » — pour faire comprendre ma pensée de derrière la tête. Si des auditeurs sincères, — ce qui se comprend aisément — ont pu se tromper sur les tendances de cette conférence, leur erreur se dissipera à la lecture de l'ouvrage imprimé ; mais contre des interprétations malveillantes toutes les rectifications du monde ne servent à rien.

Une des objections théoriques les plus sérieuses que l'on puisse m'opposer est celle du professeur Adolphe Wagner qui, au cours de la discussion engagée à la suite de cette conférence, a prétendu que dans le problème posé par moi sur le concept de science, il ne s'agissait que d'une question de mots. Si au lieu de dire une question de mots on dit une question de définitions, j'accorde que la remarque est d'un point de vue formel parfaitement justifiée. En fait il s'agit pour moi tout d'abord d'une délimitation du concept « scientifique » ; mais la question de la délimitation de ce concept recouvre pour moi — et consciemment ou inconsciemment pour d'autres aussi — la question des limites de la pensée théorique en général, et autant que celle-ci peut avoir d'influence sur celle-là, de l'action pratique. Je reviens sur ce point au cours même de ce travail ; je veux seulement faire remarquer ici que ce problème m'occupe depuis longtemps et qu'il m'est déjà arrivé de le discuter à l'occasion. Ainsi dans la critique, parue dans *die Zeit* de Vienne, de l'ouvrage de Masaryk sur les fondements philosophiques et sociologiques du marxisme, j'écrivais : « Pour le dire en passant, il vaudrait la peine de chercher d'une façon plus précise jusqu'à quel point une théorie qui, comme la théorie socialiste, s'occupe de ce qui doit arriver, *peut être et a besoin d'être une science* » (*Die Zeit*, 15 juillet 1899).

Il faut regarder cette conférence comme une contribution à cette recherche et je serais heureux si elle était l'occasion d'une discussion féconde.

Ed. BERNSTEIN.

Gross-Lichterfelde, 29 mai 1901.

I

La théorie socialiste qui, parmi celles actuellement répandues dans le monde, exerce la plus grande influence, la doctrine élaborée par Karl Marx et Frédéric Engels, que la plupart des socialistes militants dans tous les pays reconnaissent aujourd'hui comme leur guide dans leurs revendications et leur conduite, a été désignée par ses auteurs du nom de socialisme scientifique. Dans un écrit que connaissent la plupart d'entre vous et qui mérite d'être connu de vous tous : *le Développement du socialisme de l'utopie à la science* — extrait de l'ouvrage de polémique qui ne mérite pas moins d'être lu : *la Révolution de la science faite par Monsieur Eugène Dühring* — Engels dit que deux découvertes scientifiques de Marx ont fait du socialisme une science : *la conception matérialiste de l'histoire* et l'explication de la *production de la plus-value* dans l'économie capitaliste. C'est sinon le premier, du moins le texte le plus authentique où le titre de scientifique ait été revendiqué pour le socialisme marxiste. On trouve sans doute la même prétention exprimée dans des articles appartenant à la littérature socialiste antérieure à 1877, époque où fut publiée cette formule. Même un socialiste allemand plein de talent qui fut souvent en opposition d'idées avec Marx, J. B. von Schweitzer, écrivait à l'apparition du premier volume du principal ouvrage de Marx, *le Capital*, qu'après en avoir achevé la lecture, il s'était dit : « Le socialisme est une science. »

Et pourtant le marxisme, pour nous ser : de cette locution abrégée, n'est ni la seule, ni la première doctrine socialiste qui se soit qualifiée de scientifique. Marx lui-même, dès le premier chapitre du *Capital*, vous apprendra qu'aucune école n'a abusé du mot de « science » au même point que celle du socialiste français Proudhon. Or Proudhon était, à l'époque où Marx écrivait, le socialiste de race latine dont l'influence était la plus grande. Si vous lisez maintenant les ouvrages des deux écoles socialistes françaises qui précédèrent Proudhon, les fouriéristes et les saint-simoniens, si vous passez de France en Angleterre et lisez les écrits de l'école de Robert Owen, vous rencontrerez là encore assez souvent des appels analogues à la science. Il n'en manque pas non plus dans les œuvres de Lassalle et l'on pourrait presque dire que, d'une façon ou d'une autre, toutes les doctrines socialistes du xixe siècle se sont réclamées de la science.

A première vue cet accord semble bien fait pour nous causer quelque défiance ; ne savons-nous pas que les plus grandes différences séparent soit les idées de ces écoles, soit leur façon de les déduire ? Que de luttes et combien ardentes entre Proudhon et les fouriéristes ? Avec quel acharnement la critique de Marx ne s'exerça-t-elle pas sur ce même Proudhon ? Marx lui-même n'a-t-il pas trouvé des critiques socialistes pour lui reprocher ce qu'il condamnait chez les autres : utopisme et jeu d'idées métaphysiques ? Sans parler des derniers critiques socialistes de Marx, je dirai seulement qu'un socialiste français, un peu oublié aujourd'hui, mais qui est un savant et joua, dans son temps, un certain rôle, le Dr Paul Brousse a, à plusieurs reprises, accusé Marx de se livrer à l'utopie et l'a finalement appelé dans un article nécrologique le dernier grand utopiste. Et quand parmi les socialistes qui tous se réclament également de la science, on rencontre une telle variété d'opinions, et quand les divergences qui les séparent ne portent pas seulement sur des caractères extérieurs ou des applications incidentes, mais tiennent, dans bien des cas, à la racine même de la doctrine — ne doit-on pas alors penser que tous ont peut-être tort, qu'aucun ne peut prétendre posséder l'anneau de la légende et appeler scientifique son socialisme ?

Si même, laissant de côté l'opposition des systèmes ou des théories, nous ne retenons que la doctrine qui aujourd'hui apparaît victorieuse, je veux dire le marxisme, ne nous heurtons-nous pas à des obstacles qui semblent propres à déconcerter les esprits critiques?

Nous avons vu que Engels donnait comme preuves du caractère scientifique du socialisme deux théories dont l'une est celle de la plus-value : « Il était désormais établi, écrit Engels, que le mode de production capitaliste et l'exploitation du travailleur dans ce mode de production consistait essentiellement dans l'appropriation du travail non payé ; que le capitaliste, alors même qu'il achète la force de travail du travailleur à la valeur qu'elle a comme marchandise sur le marché, en tire pourtant une valeur supérieure à celle qu'il a payée pour l'acheter; et que cette plus-value représente, en dernière instance, la quantité de valeur dont s'augmente la masse toujours croissante du capital dans les mains des classes possédantes. Le mode suivant lequel s'effectue la production capitaliste et se produit le capital était dès lors élucidé (1). »

D'après cela on pourrait être tenté de penser qu'entre la démonstration scientifique de la plus-value et le socialisme doit exister un lien si intime que du fait de la plus-value résulte nécessairement le socialisme. Et pourtant nous trouvons chez Marx et chez Engels tout un ensemble de propositions qui contredisent cette conclusion. La plus caractéristique à ce point de vue se trouve dans la préface de l'édition allemande de la *Misère de la philosophie* écrite par Engels en 1884. Engels s'y élève de la façon la plus catégorique contre cette thèse que le socialisme se déduirait scientifiquement du fait de la plus-value. Cette thèse, dit-il en faisant allusion à une phrase de Marx, est d'un point de vue économique formellement fausse, car une théorie semblable ne tend à rien moins qu'à « *appliquer la morale à l'économie* ». D'après les lois de l'économie bourgeoise la plus grande partie du produit n'appartient pas au travailleur qui l'a créé. « Quand il nous arrive, continue Engels, de dire que cela est injuste, que cela ne doit pas être, l'économie n'a rien à voir là : nous disons seulement que ce fait économique répugne à nos sentiments moraux. *C'est pourquoi Marx n'a jamais fondé sur la plus-value ses revendications communistes, mais bien sur l'effondrement nécessaire et chaque jour plus manifeste du mode de production capitaliste ;* il dit seulement que la plus-value consiste en un travail non payé, *ce qui est une simple constatation* (2). »

(1) 3ᶜ édition allemande, pages 12-13.
(2) 2ᵉ édition allemande, page 10.

Voilà qui ressemble si peu au passage déjà cité que, à première vue, le lecteur a ici l'impression d'une contradiction logique impossible à résoudre. La théorie de la plus-value devait d'abord être une des deux colonnes scientifiques du socialisme ; et nous savons par Engels que l'écrit où se trouve cette assertion a été lu par Marx en manuscrit avant l'impression, discuté à fond avec lui, qu'il a pour ainsi dire reçu le visa de Marx. Et l'on nous dit maintenant que la plus-value ne prouve pas le socialisme ; le sol vraiment fuit ici sous nos pieds.

On pourrait peut-être à propos de cette dernière assertion contester l'autorité d'Engels. On a maintes fois essayé de montrer qu'il y avait parfois entre le tour d'esprit de Marx et celui d'Engels des divergences assez marquées ; et, bien qu'à mon avis leurs auteurs aient beaucoup exagéré, ces tentatives n'ont pas complètement échoué : il y a des points sur lesquels Engels n'a peut-être pas été l'interprète absolument exact de Marx. Mais dans le cas présent il est difficile de soutenir pareille opinion, car nous avons en abondance des déclarations de Marx dont le sens est incontestablement le même. La phrase (1)

(1) C'est ce passage de la *Critique de l'Economie politique :* « Si la valeur d'échange d'un produit est égale au temps de travail qu'il contient, la valeur d'échange d'une journée de travail est égale au produit obtenu dans cette journée. En d'autres termes le salaire doit être égal au produit du travail. Or c'est le contraire qui a lieu. » Ici la note suivante : « Cette objection faite à Ricardo par les économistes fut plus tard reprise par les socialistes. En admettant la formule théorique, on accusait la pratique de contredire la théorie et on demandait à la société bourgeoise de tirer les conséquences pratiques de ses principes théoriques. C'est ainsi du moins que des socialistes anglais retournaient contre l'économie politique la formule de la valeur d'échange de Ricardo. » (*Op. cit.,* 1ʳᵉ édition, page 40.)

à laquelle Engels fait allusion dans le passage que nous avons cité, pourrait, peut-être, prêter à une interprétation différente de celle qu'Engels lui donne. Mais voici des textes significatifs : nous lisons dans le *Capital* que si (dans l'exemple en discussion) « la valeur créée dans un jour par la force de travail (du salarié) se trouve être le double de la valeur d'une journée de travail », ce fait « est particulièrement heureux pour l'acheteur, le capitaliste, *mais n'est nullement une injustice à l'égard du vendeur*, le travailleur » (1) ; nous lisons de même dans la lettre de Marx sur le projet de programme de Gotha ces mots : la répartition actuelle du produit du travail « n'est-elle pas en fait la seule « juste » aujourd'hui, étant donné le mode actuel de production ? » ; et immédiatement après nous trouvons la démonstration que dans toutes les organisations sociales autres que le communisme parfait, il y a nécessairement une différence quantitative entre le travail produit et le travail payé. Pouvons nous maintenant encore douter que la remarque d'Engels n'exprime exactement le point de vue de Marx ?

Et pourtant dans la littérature populaire du parti socialiste et même dans des écrits inspirés d'Engels et pleinement approuvés par lui ou par Marx, le fait de la plus-value est invoqué de la façon la plus décisive comme argument en faveur du socialisme ; la plus-value est constamment signalée dans le *Capital* comme une exploitation et l'exploitation, quand il s'agit des rapports d'homme à homme, c'est toujours une utilisation moralement condamnable, c'est-à-dire un vol déguisé. Les capitalistes

(1) 1er volume, 5 (2). *Du travail et de la formation de la valeur.* 4e édition allemande, pages 156-157.

apparaissent dès lors, non en tant qu'individus, mais en tant que classe sociale, comme des voleurs ou comme des usuriers qui dépouillent la classe des travailleurs.

Comment ceci peut-il s'accorder avec la remarque d'Engels ? Le passage suivant va nous fournir une indication.

« Ce qui d'un point de vue économique peut être faux, dans la forme, peut cependant être historiquement exact, dans le fond. Quand la conscience morale de la masse se représente un fait économique — tel en son temps l'esclavage ou la corvée — comme une injustice, c'est là une preuve que le fait en question est une survivance, que *d'autres faits économiques* se sont produits qui ont rendu la situation antérieure insupportable et intenable. L'inexactitude de forme peut donc recouvrir *un contenu économique parfaitement vrai.* »

Ce qui veut dire que le fait de la plus-value pris absolument n'entraîne pas nécessairement et de lui-même la transformation socialiste de la société ; mais le fait que les masses réprouvent la plus-value, la considèrent comme une exploitation, est la preuve que l'ordre social actuel est devenu intolérable, le signe visible d'une situation intenable. Toutefois, remarquons-le bien, si cette situation est intenable, cela ne tient pas à l'appropriation capitaliste de la plus-value, mais à *d'autres faits économiques.*

S'il en est ainsi, voilà renversée la thèse que la découverte de la plus-value a fait du socialisme une science. Si importante que soit cette contribution à la science, si inattaquable qu'elle puisse être à la critique, après l'analyse précédente, elle perd toute valeur pour prouver scientifiquement le socialisme. Elle n'est même plus un argument scientifique contre la société moderne, pas plus qu'on n'aurait pu opposer, comme un argument scientifique, à la société fondée sur l'esclavage cette découverte que les esclaves devaient produire plus qu'ils ne consommaient.

Pour le dire en passant, je crois que le mot de découverte appliqué à la démonstrattion donnée par Marx de l'existence de la plus-value est tout à fait trompeur ; tout le monde sait que bien avant Marx la plus-value était connue et je dois avouer que la découverte de son existence ne m'apparaîtrait pas comme d'une importance extraordinaire, s'il s'agissait seulement d'établir que le travailleur ne reçoit pas comme salaire toute la différence qu'il y a entre la valeur marchande du produit ouvré et le prix de la matière première, augmenté de la somme correspondant à l'usure du matériel, etc. Ce qu'il y a de remarquable dans le *Capital* de Marx, c'est *l'exposition* et *l'analyse* profonde *du mode et des méthodes de formation de la plus-value* dans la société capitaliste, ainsi que de ses conséquences pour le développement social. Il est même à mon avis assez indifférent pour la valeur scientifique de la plupart des recherches si importantes de Marx que l'on accepte ou non sur tous ses points la théorie de la plus-value. Vous n'ignorez certainement pas qu'un grand nombre de socialistes n'admettent en aucune manière le point de départ de la théorie marxiste de la plus-value, à savoir la réduction de la valeur à des quantités de travail humain mesurées par le temps, et sont au contraire partisans de la théorie de la valeur définie par l'utilité, théorie de l'école anglo-autrichienne. Mais ces mêmes socialistes n'en reconnaissent pas moins que le travailleur est exploité aujourd'hui et doit fournir un surtravail ; seulement ils le démontrent d'une autre manière qu'ils jugent bien moins métaphysique (1). Il en est même qui tiennent pour erronée toute tentative pour déduire d'une théorie de la valeur le fait de l'exploitation et qui expliquent ce fait de l'expropriation en dehors de toute théorie de la valeur par une théorie de la production, par le surproduit. C'est dans ce sens qu'est écrit le livre remarquable d'Antonio Graziadei, professeur à Bari : *La Produzione capitalistica* (2).

Mais revenons à notre sujet. Ainsi d'après Engels nous devons voir dans la répugnance morale des masses pour la plus-value (qui leur apparaît comme une expropriation), un signe de l'existence de *nouveaux* faits économiques qui rendent intolérable et intenable la situation sociale actuelle fondée sur la plus-value. Quels sont donc ces faits ?

La réponse d'Engels dans le passage auquel nous faisons allusion est que Marx se fondait pour réclamer le communisme sur la banqueroute nécessaire, qui s'accen-

---

(1) Pour eux la plus-value rentre dans la catégorie de la *rente* ou plutôt elle représente, dans ses diverses subdivisions, une des formes spéciales du concept de la rente, laquelle embrasse tous les revenus nés de la propriété, des monopoles et des privilèges, etc. Il est manifeste que de ce point de vue on en arrive à prendre exactement la même position dans la lutte contre tous ceux, capitalistes et monopoliseurs, qui s'approprient la plus-value, que si l'on partait de la théorie marxiste de la plus-value ; et la question n'est pas tant de savoir laquelle de ces deux théories est vraie — car ce ne sont au fond que deux manières différentes de développer une seule et même pensée — que de savoir laquelle a l'avantage de la simplicité et de la précision. C'est là une question qui d'ailleurs n'a d'importance pour la pratique qu'à un stade avancé de l'évolution sociale.

(2) Compar. Annexe I.

tue d'une façon de plus en plus visible chaque jour, du mode de production capitaliste. Or sur ce point de savoir si le socialisme se déduit nécessairement de la banqueroute capitaliste, vous n'ignorez pas les discussions très vives qui se sont élevées entre les théoriciens du parti socialiste ; et que, sur ce point, même parmi les socialistes formés à l'école de Marx, bien des opinions se sont fait jour. Mêlé moi-même à ces débats, je ne veux pas les rapporter ici en détail ; qu'il me suffise d'appeler votre attention sur ce fait qu'il y a eu plus d'une manière de comprendre cette « banqueroute » ; et vous vous en rendrez compte bien aisément en relisant la phrase d'Engels. Que signifient les mots « nécessaire » et « banqueroute du mode de production capitaliste » ?

On peut, d'après cette phrase, se figurer une banqueroute fatale, une grande catastrophe de l'ordre économique ; on peut encore penser à une banqueroute de l'ordre social tout entier, qui repose sur le mode de production capitaliste ; on peut faire encore bien d'autres hypothèses. Et puis, cette banqueroute, peut-on démontrer qu'elle est nécessaire, en démontrer scientifiquement la venue ; ou bien n'est-ce peut-être qu'une conjecture plus ou moins vraisemblable ? Et le socialisme suivra-t-il nécessairement la banqueroute capitaliste ? Ce sont là des questions auxquelles nous devons répondre, ou dont nous devons mesurer la portée quand nous essayons d'établir le caractère scientifique du socialisme. L'expérience de l'histoire et bien des faits de la société actuelle montrent que le mode de production capitaliste est aussi temporaire que les modes de production qui l'ont précédé ; mais il s'agit maintenant de savoir si sa fin sera une catastrophe, s'il faut attendre cette catastrophe dans un

avenir prochain et si elle conduira *nécessairement* au
socialisme. Et à cette question ou plutôt à ces questions
les socialistes ont fait des réponses assez divergentes.

Il en serait de même pour d'autres hypothèses ou
déductions d'où les socialistes ont prétendu tirer la
preuve du socialisme. Qu'il me suffise de vous rappeler
le sort de la « loi d'airain des salaires », cette formule utilisée par Lassalle pour agiter les masses. Rarement on a cru aussi fermement et d'une conviction
aussi profonde en une doctrine économique. Longtemps
elle fut comme un mot d'ordre dans les mouvements ouvriers, comme le symbole à la vue duquel les plus dévoués
et les plus vaillants des militants retrouvaient leurs
forces. Pourtant un jour vint où, avec une netteté presque
brutale, on établit que cette « loi » n'en était pas une, qu'elle
n'avait aucune base scientifique, qu'elle devait disparaître de notre programme. Et alors, si je suis bien informé,
ce ne fut pas sans de douloureux déchirements intérieurs
que bien des militants se résignèrent à admettre la nouvelle doctrine — il le fallut bien cependant. Aujourd'hui
cette « loi » ne compte plus ; personne n'en parle, ce qui
à mon sens est excessif. Permettez-moi de vous rappeler
cette autre conception d'après laquelle la condition économique des travailleurs empirerait nécessairement,
deviendrait de plus en plus intolérable, à mesure que le
capitalisme se développerait, théorie connue sous le nom
de « théorie de la paupérisation » (Verelendungstheorie).
Elle a été à un moment très répandue, elle paraissait
avoir une base scientifique solide ; elle a inspiré plusieurs
passages du Manifeste communiste ; on la retrouve encore
dans de nombreux écrits de la génération socialiste pos-
térieure — or aujourd'hui elle aussi est abandonnée. Je

pourrais citer encore l'idée du parallélisme entre l'évolution industrielle et l'évolution agricole, l'idée de la diminution progressive du nombre des capitalistes, la conception de l'égalisation sous l'influence du machinisme de toutes les espèces de travaux, toute une série de théories qui passaient pour scientifiquement établies et qu'on a reconnues être fausses — ou plutôt pour ne rien exagérer — n'être que *partiellement vraies.*

Or des vérités partielles sont souvent plus funestes à la science que des erreurs caractérisées. Aussi, en présence des variations que nous venons de signaler dans les jugements portés par les socialistes sur les phénomènes sociaux (et l'on pourrait en citer bien d'autres, sans parler de cet autre principe du socialisme scientifique, celui dont parle Engels — la conception matérialiste de l'histoire — principe qui lui aussi a fait son temps), en présence, dis-je, de ces variations on pourrait être tenté d'accepter l'idée courante et fausse de la banqueroute scientifique du socialisme. Tandis que, dans le domaine de l'action, le socialisme fait des progrès considérables, que, dans presque tous les pays, les partis socialistes vont de succès en succès, que le mouvement ouvrier conquiert chaque jour des positions nouvelles, se rapproche plus sûrement du but précis qu'il veut atteindre et formule de plus en plus clairement ses revendications, il semble au contraire que dans le domaine de la science, le socialisme théorique s'achemine non vers l'unité, mais vers la dissolution et que, dans l'esprit des théoriciens du socialisme le doute et l'incohérence aient remplacé la certitude. Et dès lors, quand nous voyons que cet état de la théorie socialiste n'est pas un obstacle aux progrès du socialisme dans le domaine de l'action, se pose tout naturellement la question de savoir s'il existe un lien intime entre le socialisme et la science, si un socialisme scientifique est *possible* et — comme socialiste j'ajoute — si un socialisme scientifique est *nécessaire*.

Ne croyez pas que ce soit la première fois que se pose cette question. Dans d'autres pays des hommes éminents s'en sont déjà occupés et je l'avais déjà moi-même posée il y a quelques années, quoiqu'à vrai dire en des termes un peu différents. Et même énoncée comme nous venons de le faire, la question n'est pas encore tout à fait sous la forme qui convient.

•Permettez-moi de vous rappeler un exemple emprunté à un autre ordre d'études. Au milieu du XVIIIe siècle régnait en philosophie la plus grande incohérence. Les esprits paraissaient ne plus se comprendre. Alors en 1781 à Kœnigsberg parut Emmanuel Kant avec sa *Critique de la raison pure*, dont l'objet essentiel était d'inciter et d'amener les esprits à réfléchir sur la tâche de la philosophie, à déterminer les limites d'une philosophie rationnelle. Et comme son livre ne fut pas compris tout d'abord tant à cause de sa langue quelque peu pénible que du plan qu'il avait adopté, il en publia, en 1783, l'essentiel sous une forme plus accessible dans un petit écrit qu'il intitula : *Prolégomènes à toute métaphysique future qui pourrait se présenter comme science.* Dans cette œuvre, après les éclaircissements préalables nécessaires, il pose deux questions auxquelles il répondra successivement par une analyse pénétrante des concepts : 1° Comment une métaphysique en général est-elle possible ? — 2° Comment une métaphysique est-elle possible comme science (1) ?

(1) La réponse de Kant à la deuxième question est, comme on sait, que la métaphysique comme science n'est possible que

Je crois que, par cette marche qu'il suivit, le grand philosophe nous indique ce que nous avons à faire pour aboutir à une solution satisfaisante du problème que nous posons. Il n'est naturellement pas nécessaire de nous attacher à poser les questions sous la forme même que Kant leur donne ; nous devons les adapter à la nature différente du sujet ; mais nous devons les poser dans ce même esprit critique qui s'oppose aussi nettement au *scepticisme*, mortel à toute pensée théorique, qu'au *dogmatisme* immuablement fixé. Nous devons d'abord bien nous rendre compte de ce qu'il·faut entendre par socialisme, quand nous nous posons la question de ses rapports avec la science ; puis nous nous demanderons : un socialisme scientifique est-il possible et comment ?

Qu'est-ce que le socialisme ? Il y a bien des réponses possibles à cette question ; mais pour la recherche qui nous occupe, celles-là seulement nous intéressent qui se rapportent à l'idée d'un certain ordre social. On peut les diviser en deux groupes : on peut dire que le socialisme est l'image ou l'idée ou la théorie d'un ordre social déterminé et on peut le concevoir comme un mouvement vers un ordre social déterminé. Mais qu'on le conçoive comme un état, une théorie ou un mouvement, il entre toujours dans le socialisme un élément idéal, que le socialisme

comme critique de la raison pure, c'est-à-dire de la raison qui précède et qui rend possible l'expérience, ou comme on dit aussi comme *critique de la connaissance*. « Ainsi la critique et la critique seule enferme en elle le plan dûment éprouvé et vérifié d'une métaphysique comme science, et même tous les moyens de la développer ; par tout autre moyen, par toute autre voie une métaphysique est impossible. » Quoique la doctrine de l'évolution ait modifié sur des points de détail la critique de Kant, l'essentiel de ses analyses sur les principes et la signification de sa critique n'en subsiste pas moins.

soit cet idéal même ou un mouvement vers cet idéal. Il y a donc en lui de l'*au-delà*, ce qui ne veut pas dire, bien entendu, quelque chose qui soit *au-delà* de notre planète, mais quelque chose qui est au-delà des limites de notre connaissance positive. Il est quelque chose qui *doit être*, ou un mouvement vers quelque chose qui *doit être*. Ceci s'appliquerait même aux systèmes socialistes conservateurs ; mais de ces systèmes nous ne voulons, ni ne devons nous occuper parce qu'ils s'attribuent faussement le nom de socialistes. Pour éviter toute confusion, nous ferons bien de considérer le mot de socialisme comme dérivant non pas du concept vague de société (*societas*), mais de la notion bien plus précise de *socius*, d'associé ou plutôt d'*association* (Genossenchaft). Tout peut être dit social et si on se reporte au concept de société on peut désigner du nom de sociales, de socialistes des aspirations essentiellement différentes de celles des partis socialistes ouvriers actuels, et incompatibles avec elles. Au contraire il n'y a pas une des revendications de ces partis qui ne puisse entrer dans le cadre du concept d'association. C'est dans ce sens que j'ai autrefois défini le socialisme comme un mouvement vers un état social fondé sur l'association et c'est dans ce sens que j'emploierai ce mot ici (1).

Quand on parle de socialisme scientifique, il ne peut être question que d'un effort pour justifier *les aspirations, les revendications* socialistes, que de la *théorie* qui les fonde. Le mouvement socialiste en tant que manifestation collective constitue à la vérité l'objet d'étude de cette théorie qui cherche à le comprendre, à l'expli-

(1) Compar. Annexe II.

2.

quer, et aussi à lui fournir des armes et à l'éclairer sur lui-même ; mais ce mouvement est évidemment aussi peu un mouvement scientifique que le soulèvement des paysans allemands, la Révolution française ou tout autre conflit historique. Le socialisme comme science s'adresse à notre besoin de *connaître* ; le socialisme en tant qu'il est un mouvement a pour principal mobile l'*intérêt* ; mais nous n'entendons pas par là — il importe de le remarquer expressément — uniquement l'intérêt personnel et plus précisément, l'intérêt économique : il y a aussi un *intérêt moral* (socialement ressenti), un *intérêt idéal*. Mais sans *intérêt* il n'y a pas d'*action sociale*. La connaissance peut éveiller ou faire naître par elle-même un intérêt, mais en ce qui concerne l'action elle est impuissante tant qu'elle n'est pas intimement liée à un intérêt, tant qu'elle ne s'est pas fondue avec lui. De son côté, un intérêt matériel ou spirituel peut faire avancer la science, servir à étendre notre connaissance ; mais il ne le fera consciemment, qu'autant que cela le rapproche ou tout au moins que cela ne l'écarte pas du but poursuivi. Entre la science, qui représente notre besoin de connaître et un intérêt politique ou économique quelconque, il peut donc toujours y avoir opposition.

Le socialisme moderne est présenté par Engels comme le produit de la *lutte de classe* qui dans la société actuelle oppose les non-propriétaires aux propriétaires, les travailleurs salariés aux bourgeois. Il est clair qu'ainsi défini le socialisme ne consiste pas en un mouvement purement scientifique. La lutte de classe est une lutte d'*intérêts* ; sans doute chaque intérêt pour déterminer un conflit doit être plus ou moins exactement connu ; sans doute pour s'élever de la conception d'une lutte primitivement tout occasionnelle, locale ou professionnelle, limitée à des revendications secondaires entre propriétaires et non-propriétaires, jusqu'à la notion d'une lutte de classe universelle et historique, il faut avoir une connaissance déjà assez avancée des relations qui lient les phénomènes sociaux ; mais il ne s'agit cependant toujours ici que d'une lutte dont la fin essentielle est de faire valoir les intérêts d'une classe ou d'un parti ; — il ne s'agit pas de propositions scientifiques, sinon dans la mesure où la science s'accorde avec l'intérêt. Ajoutons que le socialisme désigne autre chose encore que l'ensemble des questions à propos desquelles dans le domaine économique ou politique se livre le combat entre les travailleurs et les propriétaires. En tant que doctrine, le socialisme est la théorie de cette lutte; en tant que mouvement, il la rattache à un *but déterminé*: la transformation de l'ordre social capitaliste en une société réglée selon des principes collectivistes. Cette fin n'est cependant pas une prévision théorique telle, qu'on en puisse attendre la réalisation plus ou moins fatale; c'est dans une large mesure une *fin voulue*, dont la réalisation exige qu'on lutte pour elle. Or, en tant qu'il se propose pour but un avenir idéal, et dans la mesure où il fait dépendre de cet idéal sa conduite dans le présent, le socialisme est nécessairement entaché d'utopie. Je n'entends pas par là — cela va sans dire — qu'il veuille atteindre l'impossible, l'invraisemblable ; je prétends seulement qu'il entre en lui un peu d'idéalisme spéculatif, quelque chose que la science n'a pas constaté ou qu'elle ne peut établir. La science en question ici — la sociologie — ne peut avec cette certitude qui caractérise certaines prévisions des sciences exactes, prédire que l'ordre social auquel aspire le socialisme se réalisera en toutes circonstances. Elle ne peut que dégager les conditions qui vraisemblablement détermineront la venue du socialisme et évaluer approximativement les chances que ces conditions ont de se produire.

Il ne faudrait pas cependant s'imaginer que cet élément qui ne peut être connu avec une certitude parfaite vicie radicalement le socialisme. De même que les sciences les plus rigoureusement exactes ne peuvent, si elles veulent progresser, se passer d'hypothèses, de même la sociologie appliquée, qui s'attache à faire progresser la société, ne peut se passer de prévoir d'avance la marche de l'évolution future. Et de pareilles prévisions sont toujours dans une certaine mesure des utopies. Je ne me sers pas de ce mot, je l'ai déjà fait remarquer, comme synonyme de rêverie en l'air, de fantaisie capricieuse ; je sais bien que tel est souvent le sens qu'on lui attribue ; mais si l'on ne pouvait lui en attribuer d'autre, il serait absolument injuste de l'appliquer à des hommes comme Robert Owen, Henry Saint-Simon, Charles Fourier, ces précurseurs du socialisme moderne, que l'on appelle communément les trois grands utopistes du XIXᵉ siècle.

Engels, dans l'ouvrage que j'ai déjà cité, a eu le grand mérite de défendre ces socialistes contre une critique superficielle et malveillante, telle qu'on la rencontrait chez son contradicteur Dühring et chez bien d'autres. Il a remis en honneur leur mémoire et il est de fait qu'aujourd'hui encore on peut apprendre beaucoup à l'école de ces « utopistes ». Au reste il existe en l'homme une fantaisie créatrice, la puissance d'imagination qui, aidée d'une vision nette des événements et des forces réelles, peut enfanter des réalités viables, produire des découvertes remarquables (1).

(1) Dans l'essai d'où j'ai tiré l'épigraphe de cet opuscule, l'historien anglais de la civilisation, Thomas Buckle, signale toute une série de découvertes faisant époque qui doivent pour une bonne part leur origine aux déductions d'esprits poétiques. « Gœthe, dit-il entre autres, le plus grand poète de l'Allemagne et l'un des plus grands poètes du monde, découvrit la métamorphose des plantes, *non pas quoiqu'il fût, mais précisément parce qu'il était un enfant des Muses.* » Et encore : « Dans la vie profonde de l'homme, il y a une certaine force spirituelle, poétique et, autant que nous le savons, libre dans son action ; elle ne cesse de nous ouvrir des vues soudaines et directes sur l'avenir et par là nous permet de saisir hardiment la vérité au vol. » Il espère n'avoir pas « prêché en vain la recherche déductive sottement reléguée au second plan en Angleterre. » Il n'entend pas par là rejeter

On peut dire que pour leur temps Owen, Saint-Simon et Fourier furent de remarquables *réalistes*, poorvu qu'on désigne par ce mot non les philistins, au cœur étroit, vivant uniquement pour l'heure présente, mais bien ceux qui creusent plus profondément les problèmes de leur époque, qui, d'un œil plus pénétrant que leurs contemporains occupés du train journalier des choses, scrutent pour les connaître et les modifier les forces déterminantes de l'action humaine. Tel point de leurs théories, tel de leurs conseils pratiques qui nous semblent aujourd'hui témoigner d'une grande naïveté, d'une forte dose d'illusion, étaient à leur époque beaucoup moins naïfs qu'ils ne le seraient aujourd'hui et répondaient parfaitement aux conditions de la vie sociale de leur temps, à l'état des forces auxquelles ils avaient affaire (1).

absolument la méthode inductive, mais bien cette méthode que Engels, dans la préface à la seconde édition de l'*Anti-Dühring* appelle « une méthode bornée de penser » et qui dérive de l'empirisme anglais. Mais de ce côté aussi il y a une limite ; et ici encore le vieux maître Kant nous donne un avertissement utile : « On peut pardonner peut-être à l'imagination de s'exalter un peu, c'est-à-dire de ne pas rester prudemment dans les limites de l'expérience, car par ce libre essor elle va tout au moins s'instruire et se fortifier ; et il sera toujours plus facile de limiter son audace que de venir en aide à sa pauvreté. Mais l'entendement qui doit *penser*, si, au lieu de penser, *il rêve*, on ne saurait le lui pardonner : car lui seul peut fournir l'aide nécessaire pour mettre des bornes, s'il est nécessaire, à l'exaltation de l'imagination. » (*Prolégomènes*, § 35.)

(1) Si l'on considère, par exemple, le niveau intellectuel et moral des travailleurs anglais et le caractère des partis politiques au temps de la plus grande activité d'Owen, on comprendra pourquoi Owen évite la politique de parti et toute l'action politique de ce genre, et convie à participer à l'œuvre des réformes sociales les bonnes volontés de toutes les classes et de tous les partis. Mais s'il s'abstenait de la politique de

Robert Owen, pour commencer par lui, par une fréquentation assidue des philosophes les plus avancés de son temps, par les observations qu'il avait faites sur les conséquences sociales des transformations techniques de l'industrie, s'était élevé à une conception de la société qui se rapproche extraordinairement de la conception matérialiste de l'histoire. On connaît cette pensée d'Owen, qu'il a parfois exagérée, mais au fond très rationnelle, qu'il ne se lassait pas d'enseigner et qui est le point de départ de ses projets de réformes sociales : *le caractère de l'homme est fait pour lui et non par lui* — c'est-à-dire que les habitudes, données ou plutôt transmises à la naissance par les parents, et les circonstances extérieures déterminent le caractère et les actions de l'homme ; or cette pensée se retrouve au fond du matérialisme historique de Marx, et déjà, en 1815, Owen, dans un de ses ouvrages, faisait voir quelles transformations profondes le développement des fabriques industrielles avait apportées dans toute la vie sociale de la nation (1).

Les projets de réforme économique d'Owen supposent

parti, Owen ne renonçait pas du tout pour cela aux réformes politiques et aux mesures légales favorables à la classe des travailleurs. Il fut, comme l'ont déjà fait remarquer Marx et Engels, un des premiers et des plus ardents agitateurs qui réclamèrent des lois de protection pour les travailleurs, et il prit part à bien des agitations et des démonstrations en faveur de revendications ouvrières immédiates.

(1) *Observations on the effect of the Manufacturing System.* « Jusqu'à présent, écrit Owen, les législateurs n'ont considéré les fabriques industrielles qu'à un point de vue — comme sources de la richesse nationale. Mais les autres conséquences importantes qui résultent de leur extension, si on les laisse se développer naturellement, n'ont encore attiré l'attention d'aucun législateur. Et cependant les conséquences politiques et morales auxquelles nous faisons allusion sont assez graves

d'une façon générale que la grande industrie est la forme
économique la plus avancée ; ses plans pour l'organisation de communautés collectivistes — qu'il appelait colonies familiales — reposaient sur des calculs exacts
fondés sur l'état de la technique de l'époque. Si aujour-
d'hui, quand nous rapprochons l'insuffisance des résultats obtenus et la grandeur des aspirations, toutes ces
tentatives nous paraissent utopiques, elles n'en consti-
tuaient pas moins pour l'époque un effort pour dépasser
l'utopisme. Owen se préoccupait constamment de se
tenir au courant de la science ; les établissements d'ins-
truction que créèrent ses disciples furent baptisés par
eux du nom de *Halls of Science* (Halls de la Science).
Sa critique de l'économie officielle de son temps pénètre
rarement dans le détail ; mais en prenant pour point de
départ les considérations topiques de leur maitre, des
disciples de talent (1) ont apporté à la critique de l'économie bourgeoise des contributions notables.

Tout autant qu'Owen Charles Fourier s'est préoc-
cupé de donner à ses plans de réforme sociale une base
scientifique ; et bien que dans l'exposition de sa philosophie universelle et dans le tableau qu'il trace des progrès
de l'humanité future, il se soit laissé entraîner par une
fantaisie déréglée, joirte à une véritable manie dialecti-
que, au-delà de toutes les hypothèses permises, on ne
peut cependant lui contester le mérite d'avoir enrichi la
science historique et la science sociale de toute une série

pour que les plus grands et les plus sages parmi les hommes
d'Etat donnent à cette étude le meilleur de leur esprit. L'extension générale des manufactures et des fabriques dans un
pays donne à ses habitants un *caractère nouveau.* »
(1) Thompson, Bray, Hodgsk., etc.

de pensées très fécondes (1). Dans sa théorie des ins-
tincts et des passions, il se montre un analyste pénétrant
de l'âme humaine ; et son idée de laisser tous les ins-
tincts se développer librement pour le bien de l'ensemble
et de rendre dans ce but le travail attrayant ou de le diviser de façon à satisfaire autant que possible les penchants de chacun, n'a rien perdu de sa valeur. Son traité
de l'*Association domestique-agricole* constitue, dans sa
partie critique, un exposé magistral de l'état économique
de la France à l'époque où il vivait, et, dans leurs parties
positives, les projets qu'il développe sur la création de
grandes associations qui uniraient l'industrie, l'agriculture et l'économie domestique ont leur modèle, plus encore
peut-être que les colonies familiales de Owen, dans ces
modes d'exploitation en grand dont Fourier ne se lasse
pas de démontrer les avantages.

Chez Saint-Simon, il est difficile de trouver quelque
chose que l'on puisse qualifier d'utopique, si l'on entend
par là quelque invention impossible ou invraisemblable
ou plutôt quelque construction de l'imagination. Sans
doute son imagination l'emporte aussi au-delà des con-
tingences qui l'environnent et lui fait développer des idées
qu'un avenir éloigné pourrait seul réaliser. Mais son
imagination a pour bases des recherches et des déductions scientifiques. On peut vraiment le désigner comme
le père de la sociologie moderne. La substance des idées
que plus tard son disciple et collaborateur Auguste
Comte développa méthodiquement en un système parfaitement défini se trouve déjà en grande partie chez
Saint-Simon. C'est à lui qu'appartient cette idée d'éten-

(1) Comp. Annexe III.

.dre la notion de la politique en tant que science de façon qu'elle embrasse tout l'ordre social ; à lui aussi cette idée que les relations sociales — répartition de la propriété, forme de la production, division en classes — sont les véritables bases de la conception actuelle de l'Etat ; à lui encore cette division de l'évolution intellectuelle de l'homme en trois époques : époque théologique, époque métaphysique, et époque positive, c'est-à-dire scientifique ; et aussi cette notion qu'entre ces modes de penser et la constitution de la société à ces différentes époques il y a un rapport de causalité ; à lui aussi et à Comte cette division des différents états sociaux en *périodes critiques* et *périodes organiques* : les dernières dans lesquelles il y a accord entre les principes et la constitution de la société, les autres où les idées servant de base à l'ordre social sont combattues et perdent de leur force unifiante, où des classes nouvelles s'élèvent et luttent contre les puissances dominatrices jusqu'à ce qu'enfin les obstacles soient surmontés, l'ancien ordre aboli, un ordre nouveau établi et une « nouvelle religion » proclamée, qui s'harmonise suffisamment avec les principes changés de la vie sociale, de sorte que la société entre à nouveau dans une période *organique* de « synthèse sociale ». Chez Saint-Simon la classe qui dans les temps modernes tend à s'élever au rang d'élément régulateur de la société, c'est -d'abord celle des *industriels*, nom qui désigne encore, conformément à l'état social de la France d'alors, les entrepreneurs et les ouvriers — les premiers étant les « chefs » de l'industrie. Comte et l'école positiviste, fondée par lui, maintiennent cette idée, mais l'école saint-simonienne proprement dite, précisant l'idée d'industriel ou plutôt de producteur, la transforme en celle de *travailleur* ; et bientôt la pensée saint-simonienne, se développant dans un sens plus radical, le travailleur devient le *prolétaire* (1).

L'essai de néo-christianisme tenté par Saint-Simon n'est pas en contradiction de principe avec le caractère scientifique de sa doctrine. Car ce christianisme ne devait nullement être une religion dogmatique, mais une sorte de religion du cœur et de la raison. Comte, moins génial que son maître, mais dont la pensée est plus méthodique (quoique parfois elle dégénère chez lui en un pédantisme presque enfantin), voulut effacer jusque dans le langage toute trace d'affinité entre le nouveau dogme et les anciennes religions révélées et appela la religion de sa nouvelle Eglise, *religion de l'humanité*. Ainsi devait disparaître complètement l'opposition de la pensée scientifique et du sentiment religieux.

Si maintenant nous rapprochons la doctrine de Marx de celles des trois « utopistes », nous trouverons que dans cette doctrine la science tient une place plus importante, qu'elle y est plus solide que chez les autres, mais cependant chez Marx pas plus que chez eux la science n'est tout. Le domaine laissé libre aux aspirations, à la volonté, à l'imagination est plus étroit, plus rigoureusement défini et limité ; mais il n'a pas complètement disparu. Dans l'ouvrage

(1) C'est ainsi que de très bonne heure les saint-simoniens se livrèrent à une propagande active parmi les travailleurs ; en particulier dans la ville très industrielle de Lyon. Le grand soulèvement des tisseurs dans cette ville en novembre 1831 avait été presque immédiatement précédé par une agitation saint-simonienne, et des représentants de cette doctrine siégeaient au comité des travailleurs. Les premiers essais d'organisation d'associations ouvrières sont aussi l'œuvre de disciples de Saint-Simon.

que nous avons cité d'Engels, la différence caractéristique entre Owen, Fourier, Saint-Simon d'une part, et Marx d'autre part, consisterait en ceci que, par suite de ce fait que les relations sociales qui s'élaboraient n'étaient pas encore arrivées à maturité, Owen, Fourier et Saint-Simon seraient encore essentiellement des *inventeurs* de systèmes socialistes, des penseurs cherchant à tirer de leur cerveau des systèmes sociaux plus parfaits, qu'il faudrait imposer du dehors à la société par la propagande et par des essais-types qui serviraient d'exemples ; d'après la doctrine marxiste, au contraire, les moyens de transformation sociale « ne doivent pas être *tirés du cerveau* mais *découverts* par lui dans les conditions matérielles actuelles de la production ». Ceci me paraît tout à fait juste si l'on prétend désigner ainsi la direction de l'évolution qui va des trois socialistes nommés plus haut et des continuateurs de leur œuvre théorique, à Marx et à Engels. Si, se plaçant au point de vue de cette évolution, on recherche les parts respectives de l'invention et de la découverte, on constate que la part de la découverte s'accroît de plus en plus. Et pourtant cette affirmation, à mon avis, présente quelque exagération sur deux points. En ce qui concerne Owen, Fourier et Saint-Simon, elle attribue trop peu de place à la découverte par rapport à l'invention ; car eux aussi ont attaché à la découverte plus d'importance qu'à l'invention. Quant au socialisme moderne, elle le déclare émancipé de l'invention à un point où il ne l'est, et où il ne peut pas l'être, d'après moi. Le socialisme de Marx et d'Engels se distingue des systèmes de Owen, Fourier et Saint-Simon par une *évaluation différente des forces et des moyens* qui déterminent la venue d'une société socialiste, et il n'est pas besoin de montrer plus longuement pourquoi il constitue un progrès tout à fait remarquable sur les précédents. Mais en tant que doctrine il ne consiste pas seulement dans la connaissance de ces forces, car chez lui aussi il faut en plus de la connaissance une certaine invention, sinon dans les moyens, du moins dans le *mode* et dans les *méthodes* d'application. Ce n'est pas ici le lieu de poursuivre cette démonstration dans le détail ; je ne peux qu'exprimer ma conviction personnelle qui est que, sur ce point, il y a plutôt, entre les conceptions de Marx et d'Engels et celles des penseurs cités plus haut, une différence du plus au moins qu'une opposition absolue (1).

Mais reprenons la suite de notre développement.

Le socialisme, si on entend par là une certaine forme de lutte ou de mouvement social, ne peut éviter de faire en face de la science certaines réserves. Cela est dans la nature même des choses ; son but essentiel n'est pas de réaliser des postulats scientifiques. Mais comme le

(1) On pourrait dire d'Owen, de Fourier et sinon de Saint-Simon lui-même, du moins de plusieurs de ses disciples, que ce qui les fait surtout qualifier d'utopistes au mauvais sens du mot, ainsi que nous l'avons indiqué déjà à propos d'Owen, c'est le *mauvais choix des moyens* par lesquels ils cherchaient à réaliser la société socialiste rêvée, l'absence d'adaptation qui existait sur ce point entre *la fin et les moyens*. C'est l'idée que développe également Engels dans l'*Anti-Dühring* ; mais il allègue immédiatement pour leur défense — et son argumentation est topique, — que si leurs moyens étaient impraticables, cela résultait nécessairement du stade de développement social que ces hommes avaient devant eux. Toutefois je ne suis plus d'accord avec lui quand il dit (page 4 de l'*Anti-Dühring*) que le temps et le lieu des découvertes qu'ils apportaient au monde leur apparaissaient comme des hasards indépendants de l'évolution historique. Cette généralisation donne une idée fausse de leur conception de l'histoire.

socialisme reconnaît la valeur de la connaissance scientifique des facteurs et des lois de l'évolution, il cherche à régler sur cette connaissance le choix de ses moyens et de ses méthodes, à fixer pour chaque moment le but prochain. C'est là un principe généralement reconnu par le parti socialiste. La seule question qui se pose est de savoir si et jusqu'à quel point le fait d'être un parti politique laisse au socialisme cette impartialité théorique, première condition de la vraie science. Et on peut répondre que le degré de cette impartialité est mesuré par la connaissance plus ou moins claire des limites qui séparent la science, en tant que connaissance objective, des programmes et des théories des partis politiques.

Le philosophe et homme d'Etat anglais Bacon dit, dans un de ses *Essais*, que la différence entre les affaires de l'Etat et la science est que, dans la science, il n'y a place que pour le changement et le mouvement à l'exclusion de l'autorité et de l'influence personnelle, éléments essentiels en politique. Bacon, représentant de la monarchie absolue, entendait l'autorité dans un sens dont il ne peut être question pour nous, et nous n'avons pas à comparer ici les diverses organisations politiques pour chercher quelle est, dans chaque cas, la forme d'autorité la plus souhaitable. Le mot autorité étant pris ici dans son sens étroit, si nous acceptons les choses comme elles sont et si nous remplaçons le mot politique par les mots partis politiques — et en fait dans les conditions actuelles la politique comprend bien la vie des partis politiques qui remplissent aussi des fonctions importantes dans le corps social (1), — alors l'opposition établie par Bacon est au

(1) Bacon lui-même se sert de l'expression *civil affairs*

fond encore vraie aujourd'hui. Plus encore que l'Etat moderne, les partis, sont, si je puis m'exprimer ainsi, autoritaires de nature. Ils défendent certains principes, certaines revendications qu'ils cherchent à réaliser, et pour les défendre avec toute l'énergie nécessaire, il leur faut, à un moment donné, exiger de leurs membres une adhésion sans réserve. Je le reconnais pleinement, quoique je tienne pour une exagération de se servir en pareil cas d'expressions telles que celle-ci : *inébranlable comme l'islam* ; ou bien de revendiquer, comme le fit il y a environ trente ans un organe socialiste, pour la doctrine qu'il défendait, l'infaillibilité que l'Eglise catholique accorde au pape. Nous n'en sommes plus là ; il ne s'agit plus de forcer les croyances ou les consciences ; il s'agit seulement de reconnaître que les décisions du parti lient ses membres en tout ce qui concerne leur conduite politique et que ceux-ci doivent prendre fait et cause pour les revendications et les principes reconnus comme fondamentaux par le parti — deux conditions nécessaires, sans lesquelles un parti politique ne peut être fort et durable (1). En ce sens on peut reconnaître qu'un parti a le droit d'être, dans une certaine mesure, intolérant. Mais

qui embrasse l'Etat et la société ; il n'y avait pas en effet de son temps de science sociale distincte de la science politique.

(1) Dans la pratique, bien entendu, cette norme peut être comprise de bien des façons. Mais un parti qui ne veut pas dégénérer en secte ou plutôt — car souvent au début les partis ne sont que des sectes — un parti qui veut rester un parti, ne fera pas du concept *fondamental* un usage trop étroit ; un parti qui ne veut pas être une simple juxtapositon d'opinions ne se réglera pas uniquement sur le sens formel des mots. *Est modus in rebus :* quand on parle de partis politiques, la première condition est de bien comprendre leur caractère et les conditions normales de leur vie.

précisément parce que je défends ce droit à l'intolérance,
je considère comme nécessaire que l'on distingue nettement le domaine du parti politique et le domaine de la
science ; et pour cela il nous faut avant tout bien définir
ce que nous entendons par science.

La science, si nous serrons de près cette notion, n'est
autre chose que le savoir systématiquement organisé.
Savoir c'est connaître la véritable substance et les véritables rapports des choses ; et comme, étant données
les conditions de la connaissance, il n'y a qu'*une* vérité,
il ne peut, dans chaque domaine du savoir, jamais y
avoir qu'une seule science. Pour les sciences dites exactes,
cela est admis de tout le monde. Personne aujourd'hui
ne s'aviserait de parler d'une physique libérale, d'une
mathématique socialiste ou d'une chimie conservatrice, etc. En est-il autrement pour la science de l'histoire de l'homme et des organisations humaines ? Je ne
saurais l'admettre et je tiens pour un contre-sens de
parler d'une science sociale libérale, conservatrice ou
socialiste. Quand on sera en présence d'une pareille conception, on trouvera toujours, en cherchant bien, qu'elle
implique une ignorance ou une méconnaissance de la
différence qui sépare des théories ou des doctrines formulées scientifiquement et la science elle-même, qu'on a
appelé science une doctrine ou une théorie parce qu'elle
satisfaisait aux exigences *formelles* des déductions
scientifiques. Mais la forme scientifique ne suffit pas à
faire d'un corps de doctrines une science, quand ses postulats et ses fins ne sont pas déterminés exclusivement par
la connaissance pure. Or c'est précisément la règle, pour
les théories partielles politiques et sociales ; c'est toujours

le cas pour les doctrines générales sociales et politiques (1).

Les doctrines sociales et politiques et le sciences qui leur correspondent se distinguent, entre autres différences, en ceci que les unes continuent là où les autres s'arrêtent. Les doctrines sont subordonnées à des fins déterminées qui impliquent non une connaissance mais un *vouloir*, et qui leur communiquent, lors même que sur certains points le champ resterait ouvert au progrès de nos connaissances, le caractère du *définitif* et du *permanent*. La sociologie scientifique par contre n'est jamais achevée, parce que son objet, la société, est un organisme vivant et qu'elle ne connaît pas de vérité définitive dans le domaine des lois qui régissent cet organisme. Sans doute dans les sciences aussi, il y a des conquêtes définitives; il ne faut pas entendre l'idée de changement perpétuel de la science en ce sens qu'il ne serait pas nécessaire de tenir le plus grand compte de toutes les expériences et de toutes les connaissances bien établies, ou que l'on pourrait se permettre la moindre liberté dans les déductions. La tâche des sciences est, au contraire, de fournir des lois nécessaires, c'est-à-dire d'une absolue rigueur (2). Mais pour les causes premières des phénomènes et des événements qu'elles étudient, ou les fins dernières des évolutions dont elles ont déterminé

(1) Une doctrine sociale, conçue du point de vue d'un conservatisme politique, peut constituer un système rigoureusement un et logique ; ce ne sera cependant pas de la sociologie ; ce système sera à la sociologie ce que peut être à la physiologie du goût et de la nutrition un livre de cuisine végétarienne. Il va sans dire que ce n'est pas là une ironie à l'adresse des doctrines ou des livres de cuisine de ce genre.

(2) Compar. Ann. IV.

la direction, elles professent l'agnosticisme, elles n'admettent aucune conclusion définitive, elles laissent au contraire le champ libre à une extension et à un progrès continu du savoir. Pour elles, il n'y a d'autre fin directrice que la connaissance (1).

C'est en ce sens qu'il faut entendre les mots que je vais rappeler de Proudhon (qui, sans aucun doute, désirait sincèrement donner au socialisme une base scientifique), mots tirés de la lettre où il annonce à Marx l'ouvrage dont ce dernier fit une critique si pénétrante dans la célèbre *Misère de la Philosophie* (je donne ici un extrait un peu plus long que dans la conférence) : « Cherchons ensemble les lois de la société, le mode dont ces lois se réalisent, le progrès suivant lequel nous parvenous à les découvrir ; mais, pour Dieu ! après avoir démoli tous les dogmatismes *a priori* ne songeons point à notre tour à endoctriner le peuple... Ne regardons jamais une question comme épuisée, et quand nous aurons usé jusqu'à notre dernier argument, recommençons, s'il faut, avec l'éloquence et l'ironie.... (2) »

Ne regardons jamais une question comme épuisée, voilà une devise qui conviendrait au socialisme, pour autant qu'il peut et qu'il veut être scientifique. Mais le

(1) Un auditeur m'a fait cette objection que j'ai rencontrée aussi ailleurs : que la médecine, par exemple, qui est sûrement une science, a pour but de guérir ; à cela j'ai répondu et je réponds que guérir est l'objet d'un art, la médecine appliquée, qui certainement présuppose l'absolue maîtrise de la science médicale ; mais celle-ci n'a pas pour objet de guérir ; *son objet est de connaître les conditions et les moyens de guérison.* En prenant cet exemple comme échantillon d'une distinction de concept, on pourra déterminer pour des cas plus compliqués où cesse la science et où commence l'art ou la doctrine.

(2) Lettre du 17 mai 1846.

socialisme n'est et ne peut être exclusivement une science, une pure science. Déjà son nom le montre ; les sciences n'ont pas de noms en *isme* ; les noms en *isme* désignent des points de vue, des aspirations, des systèmes de pensées et de déductions, mais jamais des sciences. Le fondement d'une vraie science est l'expérience ; cette science a pour base un savoir accumulé. Le socialisme, lui, est la théorie d'un ordre social *à venir*, et c'est pourquoi ce qu'il y a en lui de caractéristique échappe à toute démonstration scientifique.

Et cependant il y a une relation intime entre le socialisme, tel que le représente le parti socialiste, et la science. Le socialisme tire de plus en plus ses armes de l'arsenal scientifique. C'est lui qui, de tous les partis sociaux, se rapproche le plus de la science, car étant le mouvement d'une classe qui s'élève, il est plus libre dans la critique de ce qui existe que tout autre parti ou tout autre mouvement ; et la liberté de la critique est une des conditions fondamentales de la connaissance scientifique. La société est un organisme vivant qui se développe de façon continue, et le parti ou la classe qui a le plus à espérer de ce progrès dont nous voyons le sens, est nécessairement plus que tout autre intéressé au progrès de la connaissance.

L'intérêt, que le parti socialiste ou le socialisme a à connaître les rapports sociaux est que cette connaissance permet de découvrir les moyens propres à accélérer le progrès social, et en même temps d'éviter tout ce qui pourrait l'arrêter ou le ralentir. Le socialisme dépend, il est vrai, comme nous l'avons dit, d'un choix *volontaire*, mais non pas *arbitraire*. Pour atteindre son but, objet de la volonté, le socialisme doit prendre pour

guide la science des forces sociales et de leurs liaisons
dans l'organisme social, la science des relations de
cause à effet dans la vie sociale.

La dénomination de scientifique conduirait à penser
que le socialisme en tant que théorie tendrait à être ou
devrait être une science pure. Cette idée n'est pas seulement fausse ; elle recèle pour le socialisme un danger
grave. Elle risque de lui enlever précisément ce qui est
une des conditions les plus essentielles du jugement
scientifique : *l'impartialité*. Toute proposition d'un système socialiste donné, sous la forme qu'elle aura reçue
une fois, serait dès lors regardée comme un anneau nécessaire dans la chaîne des preuves du socialisme, et comme
le socialisme cherche avec raison à unir la théorie et la
pratique, cela peut dans certains cas influer d'une façon
fâcheuse sur la pratique (1).

C'est pourquoi je préfère à cette dénomination de socialisme scientifique une autre formule qui répond également
ment à cette pensée que le socialisme a pour base une
connaissance scientifique, mais qui exclut pour lui la
prétention contradictoire d'être une science pure, en
même temps qu'une science déjà achevée. C'est à cette
double condition que satisfait le mieux à mon avis le nom
de socialisme critique, le mot *critique* étant pris au sens
du criticisme scientifique de Kant.

Je dois d'ailleurs ajouter immédiatement que je ne
suis en aucune façon le seul socialiste qui préfère cette
dénomination, et que je ne peux même pas revendiquer
la priorité pour ma formule. L'honneur en revient à un
homme qui fait lui aussi partie de l'école marxiste, bien

(1) Compar. Annexe V.

que, sur différents points, ses vues ne s'accordent pas avec les miennes, au professeur Antonio Labriola, de Rome. En 1896 déjà, dans un ouvrage écrit en mémoire du manifeste communiste, Labriola disait que ce n'était pas le nom de scientifique, dont on se sert souvent au hasard, mais celui de critique qui convenait le mieux au communisme marxiste (1).

Si l'on s'élève contre ce qualificatif de scientifique, ce n'est ni par caprice, ni par purisme, mais bien parce que l'on veut assurer à la théorie socialiste le caractère le plus scientifique possible. Il s'agit de prévenir une fausse interprétation des rapports de la science et du socialisme. Le nom de socialisme scientifique est par contre pleinement justifié pour moi si le concept de science appliqué au socialisme est pris dans un sens critique, c'est-à-dire désigne un *postulat* et un *programme*, si c'est une loi que les socialistes s'imposent à eux-mêmes d'accepter comme règles d'action pour leur volonté la méthode et la connaissance scientifiques.

La science est étrangère à telle ou telle aspiration ; en tant que connaissance des faits elle n'appartient à aucun parti, à aucune classe. Le socialisme par contre est une certaine aspiration sociale et, en tant que doctrine d'un parti luttant pour une société nouvelle, il ne peut s'attacher purement et simplement à ce qui est établi. Mais comme le but que le socialisme se propose est dans le

(1) « *Le communisme critique* — voilà son vrai nom, et il n'y en a pas qui convienne mieux à cette doctrine. » *In memoria del Manifesto dei communisti. Saggi intorno alla concezione materialistica della storia.* I, Rome, 1896. (traduction française, 2ᵉ édition, Paris, 1902). Labriola, comme on le voit par ses travaux philosophiques, est comme philosophe plutôt hégélien que kantien.

sens de l'évolution sociale,— et c'est ce que montre bien un examen scientifique des forces sociales actuellement agissantes dans la société moderne, — la doctrine socialiste peut, plus que toute autre, satisfaire aux exigences scientifiques ; le parti socialiste, la socialdémocratie, peut plus que tout autre mettre son but et ses revendications en harmonie avec les enseignements et les exigences de la science. Je puis donc résumer ainsi ma pensée : le socialisme scientifique est *possible* dans la mesure où le socialisme scientifique est *nécessaire*, c'est-à-dire dans la mesure où l'on peut raisonnablement exiger de la théorie d'un mouvement de rénovation sociale qu'elle soit scientifique.

Annexe I

(Page 23.)

Voici quelques propositions extraites de l'ouvrage précédemment cité de Graziadei :

« On comprendra aisément par un examen un peu plus approfondi que si la théorie du surtravail repose sur des bases solides, il n'y en a pas moins une plus-value. L'existence du surtravail, cause du profit, entraîne celle de ses effets, les produits, qui sont la substance même dont se forme le profit. La ruine de la théorie socialiste classique de la valeur ne saurait anéantir un fait dont la réalité est indépendante de cette théorie..... »

« En résumé nous voyons que les phénomènes dont nous avons à nous occuper se succèdent dans l'ordre logique suivant : en premier lieu vient le travail dont une partie, si l'on admet la critique de Marx, sera du surtravail ; puis nous avons les produits dont la partie, qui vient du surtravail, constitue le profit ; enfin les produits se changent en valeurs et la partie de ces produits qui a été obtenue gratuitement devient de la plus-value. La valeur est donc de ces trois choses la plus immédiatement apparente, celle aussi qui est la plus dérivée. Etant, à un moment donné de l'histoire, une caractéristique sociale des produits, elle présuppose par là même l'existence des produits. Croire que le problème de l'origine du profit, c'est-à-dire, de l'origine des produits, qui constituent le profit, se confond avec le problème de la valeur, ce serait comme si l'on pensait en chimie pouvoir élucider la constitution des corps simples au moyen des composés qu'ils forment..... » (1).

« En présence de ces attaques très habiles (celles des économistes anti-socialistes contre la théorie de la valeur du travail) la plupart des marxistes ont fait preuve d'une étroitesse de vue vraiment incroyable, mais cependant trop fréquente chez les disciples des grands maîtres. Au lieu d'accepter la part de vérité contenue dans les arguments de leurs adversaires, c'est-à-dire la réfutation de leur théorie de la valeur, de façon à montrer par là même que les vérités fondamentales de leur doctrine, précisément parce que fondamentales, ne dépendaient ni de cette théorie, ni d'aucune autre, ils n'ont pas voulu démordre de leur formule, disant comme les scolastiques : « aut sint ut sunt aut non sint » ; redoublant d'intransigeance pour défendre la partie erronée de leur doctrine, ils ont encore insisté sur la prétendue importance de la théorie de la valeur qui servait précisément de point de mire aux attaques de leurs adversaires (2). »

Ce n'est pas ici le lieu d'entrer plus avant dans la théorie de Graziadei. Le passage suivant de mon ouvrage

(1) *La Produzione capitalistica*, pages 6 et 7.
(2) *Loc. cit.*, page 245.

Die Voraussetzungen des Socialismus, qui parut en même temps que la *Produzione capitalistica*, suffira à montrer que je suis du même avis que lui sur ce point que la preuve de l'existence du surtravail ne dépend en aucune façon de telle ou telle théorie de la valeur :

« Le surtravail de la partie de la nation qui produit est un fait *empirique* que l'*expérience établit*, c'est-à-dire qui n'a besoin d'aucune preuve déductive. Il est totalement indifférent à la démonstration de l'existence du surtravail que la théorie de la valeur de Marx soit vraie ou non. Cette théorie n'est à ce point de vue nullement une démonstration ; elle n'est ici qu'un moyen d'analyse, et une façon de rendre les choses sensibles à l'intuition (1). »

Dans son ouvrage paru en 1897 et intitulé *L'Idée de la valeur* (2), le docteur F. Gottl attaque de front et vigoureusement toute la théorie de la valeur qu'ont développée jusqu'à ce jour par les théoriciens de l'économie politique et qu'il qualifie de « prétendue théorie de la valeur ». C'est une démonstration un peu grossière, mais très amusante à lire, de ce fait que la *valeur* — considérée en elle-même — est une représentation métaphysique *a priori* et recèle un dogme qui attend encore un éclaircissement critique. Cette brochure très pénétrante se lit parfois comme une satire ; l'auteur a de la malice jusqu'au bout des doigts.

Pour le dire en passant il en est de toutes les propositions qualifiées de vérités partielles (pages 24-25), comme de la théorie de la valeur. Ce sont des propositions qui répondent à des faits réels, mais qui ont été formulées d'une façon imparfaite ou dont on a exagéré la portée

(1) *Die Voraussetzungen des Socialismus*, p. 42.
(2) Iena, G. Fischer.

Bien entendu quand on précise, les formules s'évanouissent ou perdent leur valeur, mais *les faits n'en subsistent pas moins*.

C'est ce que j'ai dit dans ma conférence, dans une remarque que je fis incidemment à cet endroit, et c'est pourquoi je le reproduis ici.

Annexe II.

(*Page 29.*)

Quelques-uns de mes auditeurs ont interprété l'expression *Genossenschafftlichkeit* (état social fondé sur l'association) comme s'il fallait entendre par là la forme définie sous laquelle se réaliserait le socialisme ; alors qu'en fait — et les lecteurs, je l'espère, ne s'y tromperont pas — elle doit ici désigner uniquement le *principe juridique* que le socialisme met en cause : la *démocratie*. Le *socius* est un participant à droits égaux.

J'ai tout particulièrement insisté là-dessus dans la discussion soulevée par une remarque du professeur Wagner et j'ai ajouté qu'en ce qui concerne l'organisation de la société, je n'étais nullement partisan de l'idée d'une décomposition pure et simple de la société en associations libres. J'ai dit que ces associations qui sont aujourd'hui obligatoires pour tous, Etat et Communes, conserveraient leur rôle dans l'avenir, aussi loin qu'on peut le prévoir. Comment les tâches sociales se répartiront-elles entre elles et les associations libres, quel sera le degré de liberté économique qu'il paraîtra opportun de laisser à l'individu, cela dépendra du point atteint par l'évolution à chaque moment donné.

Je tiens à fixer nettement ce point parce que, d'après un article du *Welt am Montag* paru le 20 mai, sur ma conférence, il pourrait sembler que je place en première ligne les associations libres et que j'accorde seulement à l'Etat et aux Communes quelques fonctions sociales accessoires. Tel n'est pas mon point de vue. D'ailleurs l'article en question n'est nullement un compte-rendu de ma conférence; il en est un résumé très incomplet, coupé de réflexions personnelles du rédacteur — lequel m'est tout à fait inconnu.

Annexe III.

(*Page 37.*)

Le tableau que trace Fourier de l'évolution des sociétés humaines témoigne d'une intelligence profonde des conditions de l'évolution historique. Pour caractériser l'état social qui suivra « la civilisation » (c'est ainsi qu'il appelle la phase de l'évolution atteinte par les pays avancés), Fourier le désigne comme la période de *garantisme* — ce que Stein traduit assez heureusement par période des assurances. Or l'évolution qui s'est faite depuis Fourier a merveilleusement confirmé cette vue. Toutes les réformes sociales, dues à l'initiative privée ou publique, se présentent comme un ensemble d'assurances, de garanties, contre tous les accidents et les maux de l'existence. Quand il appelle ombre du bonheur l'état primitif de l'humanité, « l'Edenisme », regardé encore universellement à son époque comme paradisiaque, il se montre là encore un psychologue très réaliste. Et ses descriptions parfois si étranges des progrès futurs de l'humanité paraissent, à les bien examiner, résulter d'une conception de la nature

et du monde qui se rapproche étonnamment des théories
modernes de l'évolution.

Owen, qui s'était beaucoup occupé des sciences phy-
siques et mécaniques, pousse à l'exagération sa thèse de
la dépendance du caractère de l'homme à l'égard de son
milieu. Tout jeune encore, à Manchester (c'est lui qui le
raconte) dans les réunions où, avec son ami intime le
jeune John Dalton — déjà en possession des idées fondamentales qui devaient plus tard le rendre célèbre comme
 fondateur de la théorie des atomes en chimie — il discu-
tait des problèmes scientifiques et philosophiques, Owen
avait reçu le surnom de *machine à raisonner* ; c'est
que pour lui les hommes étaient de simples machines
que la nature et la société transformaient en des machines
à raisonner. Un peu plus tard, dans la société philosophique et littéraire de Manchester, il présentait le monde
comme un grand laboratoire et les hommes comme des
combinaisons chimiques plus complexes : aussi l'appe-
lait-on le philosophe qui veut fabriquer les hommes par
des procédés chimiques.

Ce point de vue atomiste radical se retrouve dans la
doctrine sociale de Owen. Son affirmation répétée qu'on
peut donner aux hommes « tel caractère que l'on veut »
par des moyens appropriés, exagère ou rabaisse la portée
du principe de l'organisation vitale. Fourier était ici
supérieur à Owen, bien que lui aussi parte d'un principe
physique : la théorie de la gravitation de Newton. Il
s'agit chez lui déjà plus de l'*évolution* des êtres que de
leur fabrication. Il ne veut pas façonner lui-même les
hommes, mais par des organisations appropriées amener
leurs penchants et leurs passions à une activité et à un

développement harmonieux. La doctrine de Fourier a un caractère essentiellement esthétique ; celle d'Owen est purement utilitaire.

Annexe IV

(Page 45.)

L'esprit scientifique exclut tout arbitraire dans les déductions et la tâche de toute science consistant à dégager dans son domaine la nécessité immanente, on a été conduit à penser que le concept de socialisme scientifique présupposait ou postulait la démonstration logique de la nécessité du socialisme. C'est bien ainsi qu'on a parfois posé la question. Des socialistes ont prétendu que la preuve de la nécessité immanente du socialisme était fournie par le socialisme scientifique ; contester cela c'était ruiner le socialisme scientifique.

On peut voir dans le texte, aux pages qui suivent, qu'une telle démonstration n'est selon moi ni possible ni nécessaire.

Mais comme j'ai dû dans ma conférence me borner à exposer des concepts et qu'un exposé de ce genre peut facilement permettre des conclusions excessives, je crois bon d'ajouter ici quelques éclaircissements :

Posons bien d'abord qu'il ne s'agit dans cette question que d'une *délimitation de frontières* entre des concepts. Le socialisme est lui-même un concept susceptible de recevoir bien des significations et il en est de même de la notion de *nécessité immanente*. Pour quelques-uns on devrait ou on pourrait établir que le socialisme est une nécessité *économique*. Mais on peut aisément prouver que c'est là une prétention indéfenda-b.., un point de départ inadmissible, précisément quand on se place à un point de vue scientifique, car l'économie politique ne peut rien démontrer en dehors de son domaine propre et le problème socialiste ne se ramène pas tout entier à une question d'économie politique. Que si, sans sortir du même cercle de connaissances, on entend par cette nécessité immanente une nécessité *sociale* ou, plus généralement, une nécessité *historique*, alors une démonstration scientifique absolue devient bien plus impossible, car les facteurs subjectifs qu'il faut, dans ce cas, faire entrer en ligne de compte excluent toute formule ayant force démonstrative. D'une façon comme de l'autre, la preuve de la nécessité immanente du socia·lisme est impossible si l'on ne fait appel à des déductions transcendantes et par suite, exiger une preuve scientifique absolue de cette nécessité est précisément du point de vue scientifique une prétention injustifiée ou plutôt indéfendable.

On a prétendu que s'il en est ainsi la doctrine socialiste ne contient rien ou ne contient plus rien qui puisse contraindre un homme à adhérer au parti socialiste ; mais c'est encore là une conception toute transcendante des choses. Et d'abord la connaissance même de cette proposition générale que tous les hommes *doivent* mourir fait-elle que quelqu'un se mette sur son lit de mort avant que son heure ne soit venue ? Et puis nous n'avons mis en question que la possibilité d'une *preuve scientifique absolue* de la nécessité immanente du socialisme, mais non la possibilité ou la vraisemblance de cette nécessité même. Bien loin de là, à prendre les choses en gros, on voit que les facteurs de l'évolution sociale, susceptibles d'une détermination scientifique, entraînent incontestablement et avec une énergie de plus en plus marquée la société moderne vers le socialisme. Au fond la question est donc celle-ci : la volonté qui se fonde sur cette considération que l'organisation socialiste est de toutes la plus juste et la mieux adaptée, cette volonté joue-t-elle, et jusqu'à quel point le rôle d'une force véritablement créatrice? La contrainte morale qui fait entrer dans le parti socialiste ne peut perdre de sa valeur, par ce fait que ce qu'on reconnaît comme nécessaire pour le progrès social au point de vue des fins de la société apparaît, si on le considère comme partie intégrante d'une nécessité historique immanente, simplement comme plus ou moins vraisemblable. Tout au contraire la force de cette contrainte s'accroît à mesure que nous prenons conscience que la réalisation de ce que nous avons reconnu juste et légitime, dépend au plus haut point de notre *volonté* et de notre *action* et non pas seulement d'une simple fatalité historique.

Dans la pratique il ne s'agit jamais de démontrer, démonstration toujours abstraite, la nécessité immanente du socialisme — la nécessité de telle ou telle mesure socialiste peut seule être établie par des preuves concrètes — mais il s'agit de démontrer qu'une société socialiste est possible et désirable. L'agitation socialiste a été toujours conduite de façon à fournir cette preuve ; c'est de là qu'elle tire sa force d'attraction : ce problème de la *détermination des concepts* ne l'intéresse que très indirectement (1).

(1) Comp. aussi Annexe V.

Addition à l'édition française. — J'ai posé ailleurs le problème sous une autre forme : j'ai distingué éntre une nécessité causale immédiate et une nécessité en vuc de fins ou téléologique.

Annexe V

(Page 48.)

On trouve dans l'histoire des partis socialistes de tous les pays des exemples de ce fait que des propositions théoriques erronées ont eu une influence néfaste sur la tactique de la démocratie sociale. On l'accorde généralement pour les théories socialistes du passé ; cela est aussi vrai pour le socialisme moderne. C'est ainsi que F. Engels reprochait aux socialistes nord-américains et anglais d'avoir fait du marxisme le dogme d'une secte, et il y a à peine quelques années (1897) Karl Kautsky reprochait au marxiste anglais Bax son « marxisme utopique ».

Je me contente de ces exemples sommaires. De même que dans la conférence, en considération du public qui m'écoutait, je me suis imposé de ne parler qu'en passant et brièvement des controverses qui tiennent encore aujourd'hui beaucoup de place dans la socialdémocratie, sans prendre d'ailleurs parti, je veux ici me borner à l'essentiel.

Il s'agit d'éviter deux extrèmes : un empirisme grossier, sans principe et un doctrinarisme sectaire. Aucune théorie ne donne de moyen infaillib lepour éviter les fautes dans la pratique ; on ne peut donc songer à éliminer que les fautes qui sont les conséquences ou d'un manque de connaissances théoriques ou de théories fausses. On réussira à les éliminer, autant que faire se peut, si l'on conçoit la théorie comme l'objet d'une science vivante, continuellement *en devenir*. C'est pourquoi les programmes socialistes, dans leurs parties théoriques, qui prétendent être l'expression de la connaissance scientifique, ne devraient jamais être trop détaillés. Comme on ne fait pas chaque année de nouveaux programmes tandis que le mouvement des faits ne s'arrête pas, et que la connaissance s'accroît, on doit toujours craindre une contradiction interne entre le programme et la tactique d'une part, et entre le programme et la connaissance acquise, d'autre part. Dans le premier cas on risque d'aboutir à des conflits, à des discussions graves ; dans le second à un scepticisme sans principe. Ainsi la question que nous avons développée ici, quoiqu'elle ne concerne au premier abord que des définitions de concepts, a aussi indirectement une portée pratique. Il est tout à fait faux de conclure que quand on limite la notion de socialisme scientifique, comme nous l'avons fait, on enlève aux travailleurs la croyance au caractère scientifique du socialisme. Au contraire en délimitant les concepts — on pourrait aller jusqu'à dire : en opposant ainsi les concepts — on donne à ceux qui précisément ont perdu cette croyance la possibilité de la retrouver et de la fonder sur une base plus solide que celle qu'elle eut jamais.

IMPRIMERIE F. DEVERDUN, BUZANÇAIS (INDRE)

BIBLIOTHÈQUE SOCIALISTE INTERNATIONALE

Publiée sous la direction de ALFRED BONNET

(SÉRIE IN-18)

DEVILLE (GABRIEL). -- **Principes socialistes.** 1898. Deuxième édition. 1 volume in-18. . . . . 3 fr. 50

MARX (KARL). -- **Misère de la philosophie.** Réponse à la philosophie de la misère de M. Proudhon. 1896. 1 volume in-18. 3 fr. 50

LABRIOLA (ANTONIO). -- **Essais sur la conception matérialiste de l'histoire,** tr. par Alfred Bonnet. 2e éd., 1902, 1 vol. in-18 3 fr. 50

DESTRÉE (J.) et VANDERVELDE (E.). -- **Le Socialisme en Belgique.** 2e édit. 1902. 1 vol. in-18. . . . . 3 fr. 50

LABRIOLA (ANTONIO). -- **Socialisme et Philosophie.** 1899. 1 volume in-18. . . . . 2 fr. 50

MARX (KARL). -- **Révolution et contre-révolution en Allemagne,** traduit par Laura Lafargue. 1900. 1 volume in-18. . . 2 fr. 50

GATTI (G.). -- **Le Socialisme et l'Agriculture,** préface de G. Sorel. 1902. 1 vol in-18. . . . . 3 fr. 50

LASSALLE (F.).- **Discours et Pamphlets,** 1902, 1 vol. in-8 3 fr. 50

(SÉRIE IN-8°)

WEBB (BÉATRIX et SYDNEY). -- **Histoire du Trade-Unionisme.** 1897, traduit par Albert Metin. 1 vol. in-8. . . . . . 10 fr. »

KAUTSKY (KARL). -- **La question agraire.** -- **Étude sur les tendances de l'Agriculture moderne,** trad. par Edgard Milhaud et Camille Polack. 1900. 1 volume in-8. . . . . . . 8 fr. »

MARX (KARL). -- **Le Capital,** traduit à l'Institut des sciences sociales de Bruxelles, par J. Borchardt et H. Vanderrydt :

-- Livre II. -- **Le Procès de circulation du capital.** 1900. 1 volume in-8. . . . . 10 fr. »

-- Livre III. -- **Le Processus d'ensemble de la production capitaliste.** 1901-1902. 2 volumes in-8. . . . . . . 20 fr. »

Pour paraître prochainement :

-- Livre I. -- **Le Procès de production du capital.** 1 vol. in-8.

A LA MÊME LIBRAIRIE

CROCE (BENEDETTO). -- **Matérialisme historique et Economie marxiste,** trad. par Alfred Bonnet. 1901. Un vol. in-18. 3 fr. 50

FERRI (E.), *professeur à l'Université de Rome.* -- **Socialisme et science positive** (Darwin-Spencer-Marx). 1897. 1 vol. in-8 4 fr. »

MARX (KARL) et ENGELS (Fd.). -- **Manifeste du parti communiste.** Nouvelle édition française autorisée avec les préfaces des auteurs aux éditions allemandes. Traduction de Laura Lafargue, revue par Engels. 1901. Un petit vol. in-18 (72 pages). . 0 fr. 20

MARX (KARL). -- **Prix, salaires, profits,** trad. de Ch. Longuet. 1899. Une brochure in-18. . . . . 0 fr. 50

MENGER (A.), *professeur à l'Université de Vienne.* -- **Le Droit au produit intégral du Travail,** trad. par Alfred Bonnet, avec préface de Ch. Andler. 1900. 1 vol. in-18. . . . . 3 fr. 50

PARETO (V.). -- **Les systèmes socialistes.** Cours professé à l'Université de Lausanne. 1903. 2 vol. in-8 . . . . . . 14 fr. »

RAE (JOHN). -- **La Journée de huit heures.** Théorie et étude comparée de ses applications et de leurs résultats économiques et sociaux. 1900. Un volume in-8 . . . . 6 fr. »

SOMBART (Werner), *professeur à l'Université de Breslau.* -- **Le socialisme et le mouvement social au XIXe siècle,** 1 volume in-18. . . . . 2 fr. »

Imp. Duverdun. — Buzançais.